CB062076

RENDAS

1.ª edição, 2024
São Paulo

Rendas

RENDas

rENDas

Josefina Schiller

POEMAS

rendAS

rendAS

LARANJA ● ORIGINAL

RENDO ME

Para todas as mães.

Introdução	11	Momento	52
Cio	14	Nos dentes da beba	54
Ser	16	Namasteta	56
Somos	18	Pessoas	57
Do ventre-derrama	22	Tuna	58
Rendas	26	Ritmotimo	60
Santasaint	28	Não é de graça	63
Sumo	30	Rendada	64
Ascendente	32	Seco	66
Pulsar	34	Cømcøm	70
Confia	36	Se	72
Olho	38	Não-meu	74
Bobô	40	V-ir	76
Asfixia	42	Tece	78
Vazio	44	Dia aid	80
Galha	46	Agô ra	82
Toque	48	(Não?) Me rendo	84
Maracoruja	50	Woven	86

Rendas são escritas poéticas grávidas, em trabalho de parto e puérperas que falam da chegada ao ofício do maternar. Os momentos vividos no processo de tornar-se mãe perdem o sentido de tempo linear, tornando-se expandidos, deformados, difíceis de acessar com palavras literais. Ao mesmo tempo, não há nada mais aterrador do que gestar, parir e cuidar de bebês e crianças pequenas. Esta tensão entre experiências extremamente fortes, profundas, transformadoras e a distância delas com a capacidade de compreensão lógica cria uma sensação de *isolamento* percebida pela maioria das mães recém-nascidas. Mas a urgência de manter a vida viva, o bebê saudável, o próprio corpo sano, não dá espaço para muita filosofia: estamos em TEMPO REAL constantemente cuidando, observando, limpando, amamentando, *conhecendo* a criatura.

Nos re-conhecendo como mães, nossos parceiros como pais e mães, nossas mães e pais como avós, outros filhos como irmãos dos nossos filhos. Toda a constelação muda, e uma nova renda estrelar se configura. Algo nos movimenta nesta criação, mantendo-nos capaz de gerar energia para seguir em frente: desde a gravidez, na hora do parir, no pós-parto... este algo tem me levado e sustentado, provavelmente desde o início da vida em si. Sinto uma força que me toma e *desconfio* que ela está presente em todos nós. Uma força que no momento da maternidade se expande de forma até então desconhecida. Essa manifestação vital é a qual apelidei, ao longo do meu puerpério, de RENDA: uma formação existencial tecida em meio a várias fontes e gerações, na qual de repente fui pescada. A vida então ganhou uma dimensão maior em si mesma, abrindo sentidos e direções, num processo que se autocria, e que, apesar das incontáveis adversidades, se sustenta com presença prazerosa.

Ao mesmo tempo, existe a maior dificuldade de todas no processo de maternar, parir especialmente, e acompanhar um ser em crescimento: o render-se ao processo. Aceitar o não controle sobre qualquer coisa, confiar no devir, entregar o coração à vida... é um lugar muito desconhecido, abandonado e até rejeitado na nossa civilização.

Este livro então conta com o multissentido da palavra RENDA – de render-se (*surrender* em inglês, acho lindo) completamente ao que nos é apresentado em nosso caminho; o da confiança (fiar--com) gerada pela percepção desta grande renda tecida da qual somos partes – não apenas pedaços, mas manifestações essenciais do todo que nos envolve e cria vida por meio de nossos corpos; e então surgem muitos outros sentidos nas pesquisas poéticas: rendar, enredar, arder, arredondar...

Sou muito grata pelos últimos anos de transformação profunda, pois, apesar de brutal – como muitas mães percebem a experiência do puerpério –, foram os mais cheios de significado. Este livro é uma série de devaneios, sentimentos e confissões do meu ser que encontrou brechas na alma puérpera e se revelou em facetas cruas e aparentemente novas.

Rendo-me a este momento, no qual sinto o tecido do meu coração voltando a um estado menos exposto, e imprimo estas palavras como um rito de passagem para honrar os aprendizados e quebres vividos nos últimos 5 anos, desde que me tornei mãe. Com o processo do desmame, chego a um novo espaço interno e desejo lembrar das pérolas, percepções, ilusões que começaram a cair, da realidade que invadiu minha experiência.

Entrego aqui,
entremeada na renda,
rendida à vida,
Rendas: palavras tecidas pela potência que me habita.

Intenciono celebrar a estreia da maternidade,
honrando principalmente a vida
que nos atravessa e presenteia.
É uma experiência divina observar
diariamente o movimento constante
dos dois seres que nasceram
do meu encontro com Elijah:
Cora e Greta.
Este é o maior presente.

Cio

inicio
recomeço

       cresço

            quando

               te
               ouço

                        me
                            conheço.

S

E

R

RENDAR

                                                            RENDER

                              ENREDAR

A   R   D   E   R

                                                        E   M

                                                                            A   R

ARREDON

                                              DAR

            re   na   **SER**

SOMOS

SOMOS
        COSMO
             SE
C   OSMO
                    S   SE
          OSMOSE
                            FOSS
                             E
                                    SOMOS

COSMOSEFOSSE

                          E   SÃO

-- somos a visão --

          ÇÃO
RE
      A
R
          ZÃO
            (SE
                SOMOS
                      SEM)   SAíDA
COMO   ENTRAR?
                      EM
            OSMOS   É
                    ENTR   AR
                      EG
                            NA
RE   LA   ÇÃO

(a saída é

entrar)

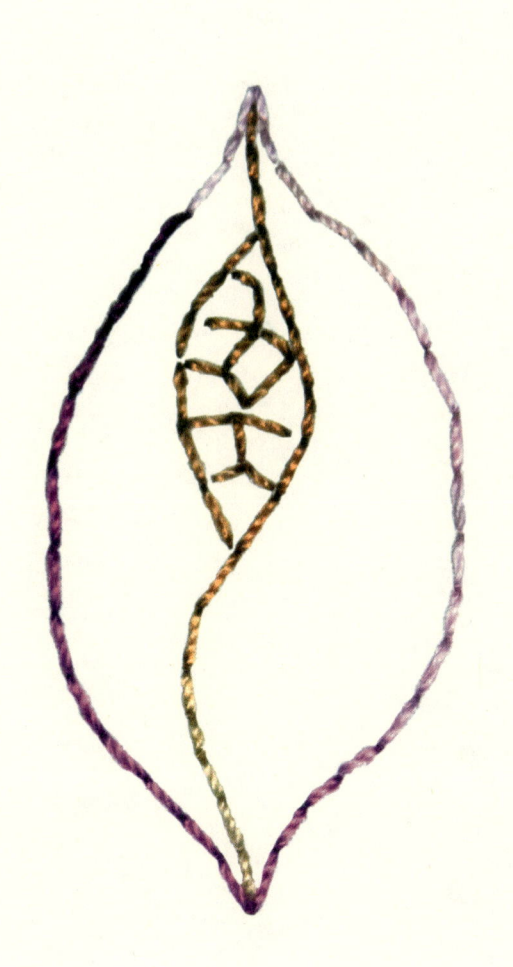

DO VENTRE-DERRAMA

DO vENTRE
    cENTRE
ENCONTRE

              TREME
                 METE
                   TEME
            ME
        D E M E T R E
                TRAMA
                       trauma?
                            drama?

    D   E   R   R   A   M   A

TUDO
   VEM
DO
   vENTRE
                    TUDO
                       VEM
                    DO
                       vEN
                          TRE

      vEN
        TRE
           DO
              EN
                TRE
                   VEM

            DO

               vENTRE

               VEM

            TUDO

                              (para Z+A)

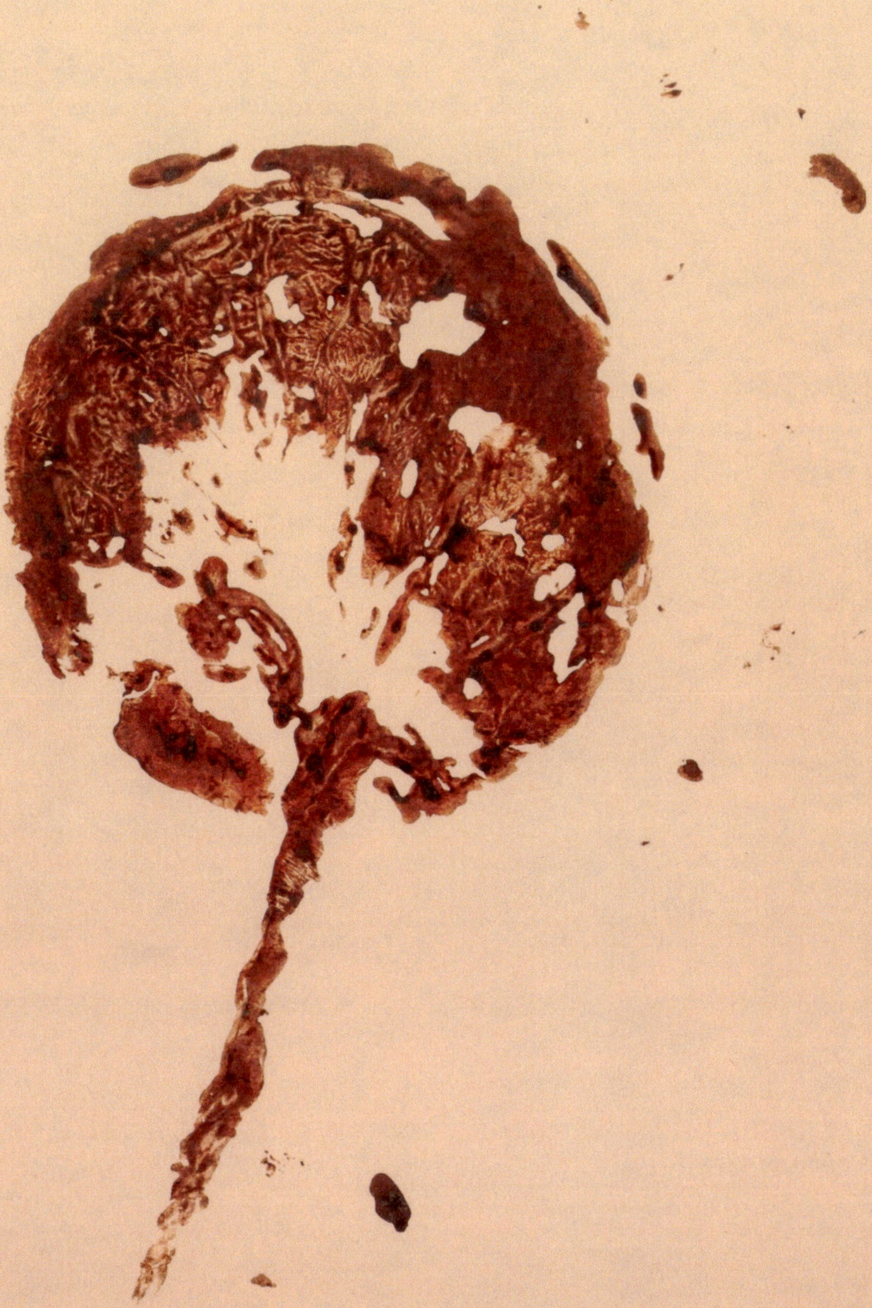

RENDAS

me rendo
surpreendo
desprendo
sou presa
do ente
inconsciente
que se preza
e apresenta
o caminho contínuo
sem pressa
que passa
apraz o passo
dessa dança
Nasce
Cria
Criança
fera mansa
acorda
descansa
ruge
não foge
encoraja
o encore
d'ondas bravas
brava!
encarna
em carne viva
a roda da vida ativa
encosta e atinge
toda rede em volta
encontra a esfinge
e retorna
ao seio primal:

a porta do espírito
em carne animal

SANTA

    minha pla
               sente
               tanto
                    muito
                 tudo

        placidamente
                  o céu
                      da semente
                            galáxia
                                de gente
                                      DANÇA

                                  gira
                                  gira
                                  gira
                                          SOL
                                            centro
                            não descansa
                            ou senta

                            silenciosa
                            alimenta
                                  criança

                    santa
                sente
            canta

     Placenta

SAINT

                                                                 my pla
                                                            senses
                                                           so
                                                      much
                                                   all

                                                        placidly
                                                       the sky
                                              gives to seed
                                         galactic
                              mammal feed
                  DANCE

                spin
                spun
                spring
SPROUT
  the center
          neither resting
          nor sitting

          silently
          nurtures
    child

                      saint
                          senses
                              sings

                                        Placenta

SUMO

... * * ...

medito
quando te leito

te deito
quando me tiro

respiro
quando estreito
o seu corpo junto ao meu

relaxo
quando me dispo

arrisco
quando esqueço

refresco
meu realismo

no sumo

desapareço

... * * ...

I meditate
in the milky bed

I lay you down
and unself

I breathe
drawing tighter
our bodies an exquisite weave

I relax
throw off false skin

I risk myself
as i forget myself

I am refreshed
arrived and realized

In the juice

disappear

ASCENDENTE
etnednecsa

percebo: há um enorme
vazio em mim.
É hora de dar.

sinto: existe um
buraco aqui.
Dele vai brotar.

moro na gema
que não germinou

ela esquenta, dourada
quer ir ao sol.

eu vou:
quebrar a corrente

eu vou:
alçar voo
em frente

pra raiz crescer:

ascendente

PULSAR

posso não?
confiar
no corpo
                                        delas
                                        meu
                                        nosso

                                                                      … só por não
        conhecer
                                                                                o fiar?

       o território é presente
                    no meu espaço
                            de dentro
     e agora   >   fora
                            com elas:

  pulando

escalando
atravessando

    girando
comover o pulsar
        de vida inteligente

                                    jardim que cresce
                                         com estemas
                                          olhando o sol

((receber o orvalho
de pétalas inchadas   *na madrugada))*

                ... e a desconfiança
                      de querer
                        carregar
                            encaixar
                                encarrilhar

                                dar um rumo

        é o único impedimento.

CON
FIA

```
CON                                    COM

FIA                                    FILHAS

        CO                      CO

            CON      COM

                FIA  FIL

            FIA         FIO

        F               ILHAS

     FI                    LHAS

     FI                   AS

            F           AS

                FAZ

                HAS

                FIM

              CONHAS

               CONFI

                FICO

                COA

              CONFIA

            CON    FILHANÇA
```

O   O

        LH

BRINCAR HARD
       CORRER
            ABOCANHAR
           COMER
          CHÁ

                         CAFÉ da
                            FLOR rosa escuro
                               azul
                               amarela
                               lilás

PAUSA

ÁGUA

                           ASSISTO.

                                       A troca da libido do corpo
                                        acostumado aos prazeres
                                              individuais
                                       pela contemplação
                                               da vida
                                         à nossa frente

BOBÔ

ser visitada

e beijada
por
mil borboletas
ao
mesmo tempo.

dar
a elas
um pote
de água de rosas

não é
o mesmo

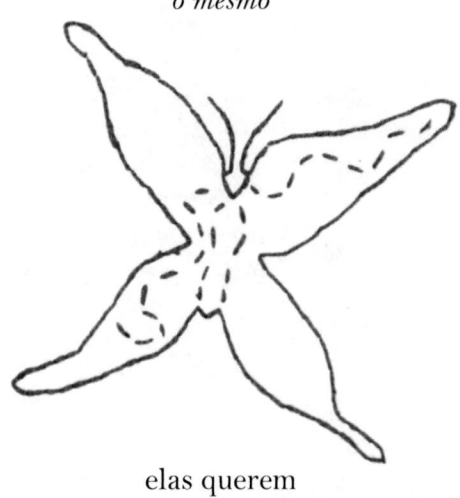

elas querem

o MEU

ASFIXIA

ACESS

                                                AR
                                                EALIDADE
                                                Real

QUEIMA

                   A**FOG**A

miláguas   suspiro   choro   chuveiro   escondo
               volto   ao

                          RIO

sempre   constante
   disponível   atemorizante

                        VAZIO

VA
ZI
O

vejo   cio
          ver   o   vazio

          quem   sou   eu

              se não   sou isso?

                    mas
                    massa
                    macio

              maravilhoso

                   indício

(chegar ao fim sem início)

GALHA

                              Elas não são meus frutos,
                                eu sou a galha delas

São as raízes
que me trazem pra terra

A árvore cria folhas
fotossimplifica

                                  passam pela seiva
                                  até raízes felizes

                              Elas não são meu prêmio,
                              meu troféu criatividade

São meus pés
pura, crua realidade

                                Limpa, suja, dorme
                                Acorda, chora, gargalha
                                Raízes crescem constantes

           Independentes da

                    G
                    A
                    L
                    H
                    A

TO
QUE

não tenho falta de amor

tenho costela

rego

nos meus dedos

anca

crista

respira

tapinha

na

minha

MARACORUJA

maracoruja
coruja de maracujá
é minha maruja
guia do céu yawanawá

touro dourado
escandinava baiana
andaluz do cerrado
castanhola cigana

pescada em céu caponense
escalada a pé a fumaça
gatos e sonhos presentes
mágica vinha de graça

pastel, arepa, coxinha,
pizza, incluso cevada
cão da montanha vinha
seguindo com apenas três patas

as *semillas* daquele espaço
entraram por todos os poros
embalando o embaraço
ancestrais somavam coro

cora

cora *cora* *cora*

cora *cora*

cora

cora *cora*

cora

cora *cora*

cora *cora*

cora

mara–coruja

cora *cora* *cora*

rujinha marajá

cora *cora*

pequenina *bruja*

que sonhos enraiza-já

cora

MOMENTO

                    momento   a   momento

                                          amamento

                      a m o m e n t a n d o

                          Um peito, outro
                             duro, solto.
                            Tensiono ir,
                              não corro.
                        Quando entrego,

                                          jorro.

moment by moment

giving milk

momentarmilky

NOS DENTES DA BEBA

a doçura do mamar
é difícil   despedida

momento necessário
despir e dar o mamilo
ao ser do mundo
mais perfeito   e bruto

     – a bebê –

meu amor   venerante
vai ao mundo, falante
as trevas   carrega
mistura-se ao céu
  mirabolante
delira com fé

pra agora   e já

mesmo que a terra mostre a fissura

   nos dentes da beba

meu peito enchente
pulsa, e belo chama
  – ela também,
  latente na cama
e o gosto deleite
         nos molha

        in
          sana

Tem um bebê chupando seu peito. Tem leite saindo do seu mamilo.

PESSOAS
sãomaioresque
CRIANÇAS

– Cora

TUNA

tuna
denguna
me traz de volta
pra
      laguna

      achei que voasse
      mas me mostraste
      eu, tu, ela
      somos só
            una

            unidas juntas
            mistura pura
            lama de mangue
            densa escura
            sair
            só mais afunda
            me des
                figura

                perdendo forma
                formando nova
                todo o instante
                a massa s
                    ova

                    tu vens da ova
                    de gozo e prosa
                    alma de água
                    mole den
                        gosa

                        uma denguna
                        nasce de novo:
                        avó do povo,
                        filha da L
                              una.

RITMOTIMO

... me rouba desse instante o tempo inteiro esse instante *instante na teta instetate* você na boca e me rouba continuamente o pensamento pra onde tenho que ir onde devo ir onde devo chegar *outro lugar não aqui* onde deveria quem deveria ser eu não sou eu estou aqui mas não estou aqui com você você está aqui me olha olho brilha azul e branco eu volto e *de novo arranco pra fora* outro lugar outro tempo pra onde fui, pra onde vou, como irei, que roupa usar, o que falarei respiração *olha pra ela* ela te olha chupa o leite branco viro de lado olho fechado preto gota pinga cheirosa melada gostosa ataque de fofura aperto sua coxa risada barriga tensionada delícia *volta ao nada*, pra onde vou, o que devo fazer, afinal não sou ninguém sou desinteressante...

! a vida não merece algo assim tão básico e ridículo !

... você tem que achar porque certamente não está aqui, *vai procurar, preguiçosa*, levanta, o mundo te espera, tantas opções e possibilidades, tantas chances e você aí deitada achando que ficar parada é o único lugar possível acha que tá certo deitar e dar leite sem parar pra essa criatura e as cáries, e os vermes, a roséola, os chiliques *vai achando que você é boa mãe*, nunca será boa nada, pode acreditar o nada em você só cresce, o mundo te espera, você tá perdendo tempo, filha ninguém te vê, ninguém quer te ver, ninguém vai te reconhecer...

! você é pura inutilidade !

... toda largada, sem prospecto, sem visão, sem perspectiva, sem missão *é por isso* que é triste, sozinha, desamada, você tá certa em chorar, *o coração não para de bater*, pelo menos tem ele pra focar e o coração dela também, você já sentiu? como é rápido, sempre batendo igual passarinho tomando banho na água gelada risonho e animado, constante, *ele tá te chamando* pra olhar e sentir pode me sentir, moça, eu tô sempre aqui batendo na porta respiro sinto mão coração bate bate bate bate *é gostoso*

! é prazeroso voltar ao ritmo ritmo do timo timo do ritmo ritmo do timo rio rio riso !

... bate batuca toca caduca lugar de movimento não para e participa quem tá ativa relaciona no espaço entre a gente *sente sente sente* mão braço perna peito tá tudo vivo pulsando em carne em veia em sangue *nesse agora itinerante* da minha pele no seu ventre posso entrar? quero te ver estar com você criar memória de presença confiança de estar junta
não me roube mais, moça...

! você é livre pra sair de mim !

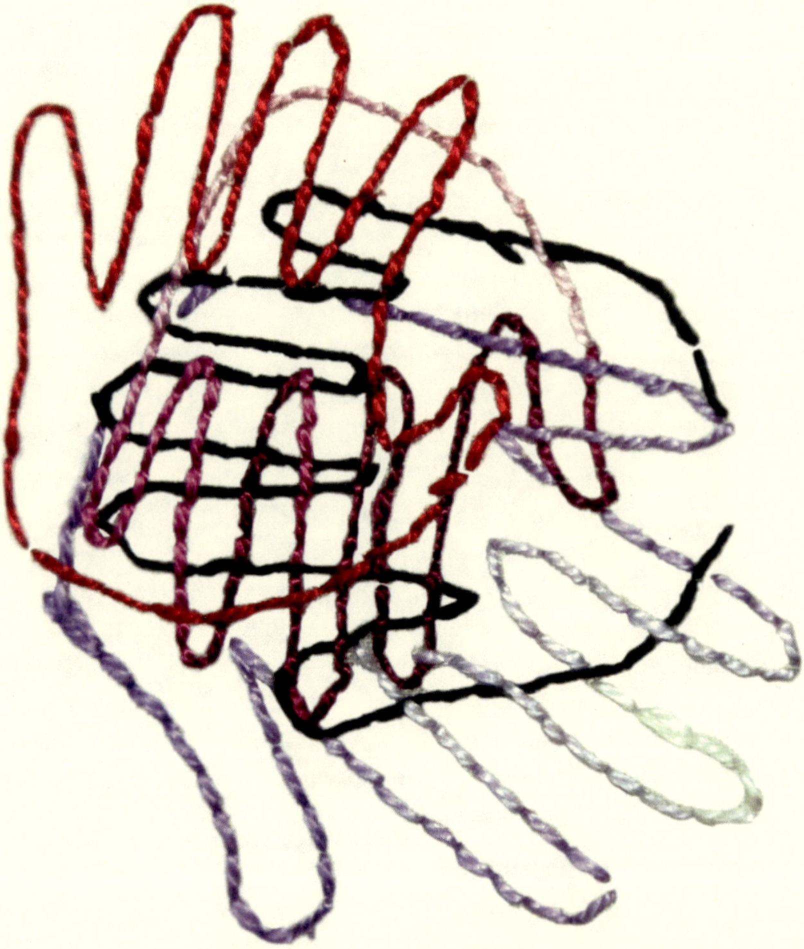

NÃO É DE GRAÇA!

– Greta

REN
DA
DA

me manter
v a z i a
essa é a rendição

DA
DA
a tornar parte
da criação.

se me entorpeço
o corpo passa
atropela.

enxergar
meu mundo
por
tanto tempo
sem atenção

DÓI.

assim,
me dou:

rede que
constrói.

SECO

Olho as bebês
amo-as demais
Olho o parceiro

– não sei como fiz… elas. –

nada vem em mente que traga tesão, paixão
nada que lembre com ele me faz sentido -- como a vida sai disso?

meu leite corre solto
a libido só existe aqui
leite, bebês, cuidado, sono, limpeza
nada genital
nada de suco vaginal

olho o pinto e me dá graça
sinto pena
não posso forçar

– Forcei antes. –

me subordinava

                                                  para me sentir amada

                                        como posso sentir amor
                                        sem seguir esse caminho?

                                                 como posso dar
                                             sem que assim seja?

é um novo tipo de amor
talvez mais evoluído
mais real
mas ainda assim novo

não conheço essas águas
parece chato
solitário
Seco

é onde me encontro:

                                                   um mar de crianças
                                                 com dois adultos
                                                 em boias separadas.

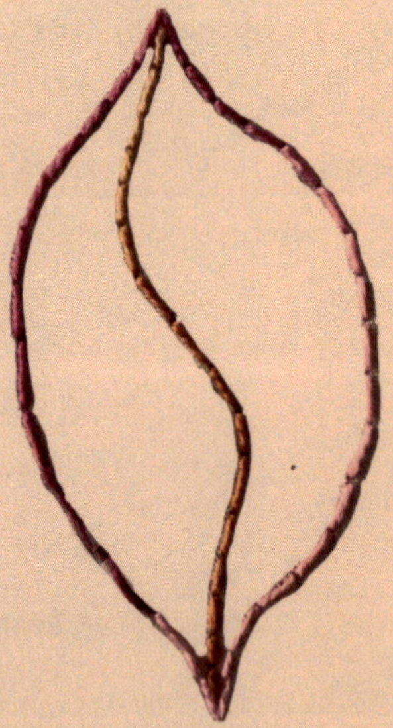

I look at my babies
I love them so much
I look at my partner

– I don't know how I could have made them –

Nothing comes to mind that brings me lust, passion
Nothing I remember with him makes sense to me -- how did life come out of this?

My milk runs free
My libido only exists here
Milk, babies, care, sleep, cleanliness
Nothing genital
No vaginal juice

I look at the dick and it gives me no grace
I feel sorry
I can't force

– I forced it before. –
I subordinated

                                                            to feel loved

                                      how can I feel love
                                      without losing self?

                                      how can I give
                                    without ghosting self?

It's a new kind of love
maybe more evolved
More real
but still new

I don't know these waters
looks boring
Lonely
Dry

It's where I find myself:

                                      an ocean of children
                                           with two adults
                                      in separate inner tubes

```
      C
  C   Ø   M
      M
```

o meu propósito
    é estar
com elas
      corpo suporte – fiando com

    sentindo que são amadas
        acompanhadas
         assistidas

posso dar
   com o Ø
     que assiste,
         vivo

posso dar
   mesmo sem saber
       dar

posso dar – DOU
   assim,
     componho

        ao vê-las
        componho.

SE

```
        se              en
        gra             vi
            dar
            de
        no      vo
            na
            da
        v   o   u
            fa
            zer

            no
        si      lên
            cio
en
            sol
                    arado
            can
            tarola
            rei
```

NÃO-MEU

sentir
ver
meu corpo
voltando

muco que gruda
fio que não quebra

e o leite espirrando
ainda branco

...

esse corpo não
é mais
meu

"B R I N C A"

ouço, e voam
roupas,
panos,
bonecas
ao meu silêncio

V

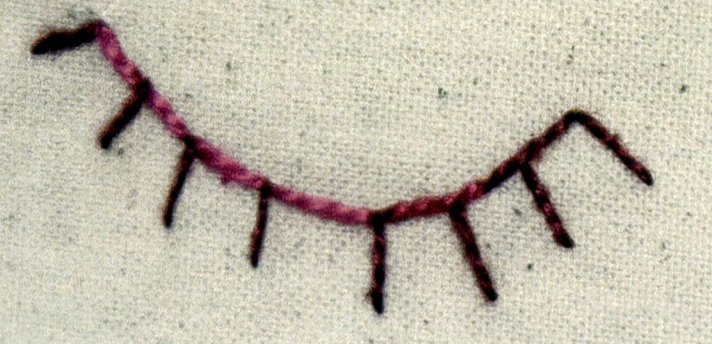

IR

... sentindo uma onda
de ondas
do mar
chegando

deve ser
aproximação

a alma dentro
do tempo sem tempo
...
eterno passeio
de nossas consciências
por onde o desejo passa

e a graça
de saber sentir
que logo estarei
molhada de sal...

TECE

por que
ter pressa

não somos mais as
mesmas

novo espaço interno
novo corpo, nova pele
d'alma

te vejo em mim
no canto d'olho
te tenho perto
o tempo todo.

piadas e choros
"chupeira!", repetiu e riu

vejo conversas assim tecidas

pra vida inteira.

DIA
AID

DIA

vou vendo

como vivo

sem tantos extremos

como somos

4 seres que se acompanham

2 bebês – crianças despertam

2 bebês – mãe – pai acordam

preciso de nada

enquanto acordo

para elas.

é possível lembrar

disso

todo dia.

AID

AGÔ

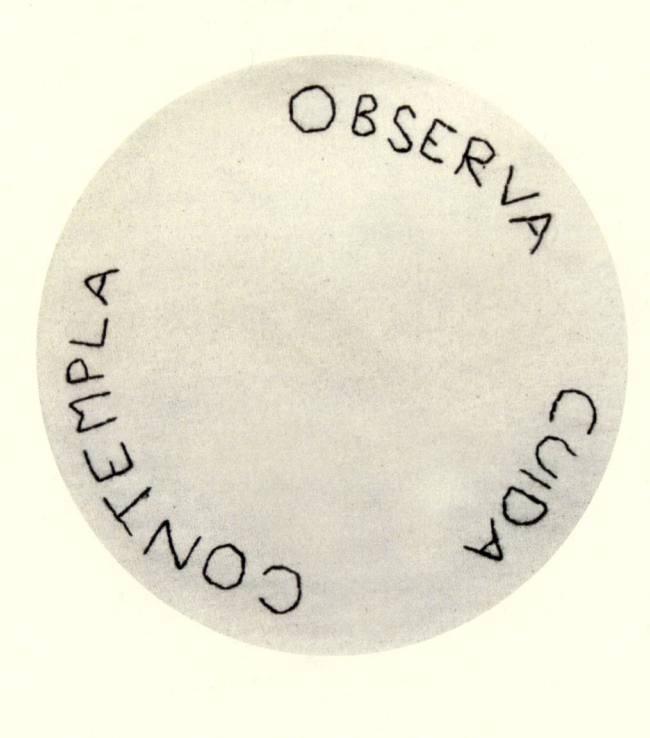

OBSERVA
CUIDA
CONTEMPLA

RA

depois de deixar o peito,
de ter de volta o meu corpo?

… e agora?

escuto:
s o m o s t o d o s c o n e c t a d o s.

me disseram:
olhe os animais,
plantas, minerais.
eles estão.

E
Observo. Cuido. Contemplo.

Consigo?

(NÃO?) ME RENDO

Eu não existo
eu me rendo
à não existência
na matéria.

Mesmo assim
estranhamente
estou aqui.

Vejo o mundo mudar.

Cresço e vejo crescer.

Envelheço e vejo envelhecer.

Estou sendo vivida pela vida.
Só posso me render a ela.

Me ponho a serviço
do imediato:
cuido do que está
ao alcance,
do que está
justo
ao
meu
lado.

WOVEN

WOMEN

```
    WO                              VEN
       O                          VEN
          FOR              NO
             NINHO

             FORNINHO

             SE     ON
          SÓ           VEM
       NÓS                 EM
    OS                        MEN
 WO                              MEN




                W
                O
                V
                M
                E
                N
```

© 2024 by Josefina Schiller.
Todos os direitos desta edição reservados à Laranja Original.

www.laranjaoriginal.com.br

Edição
Filipe Moreau e Bruna Lima

Concepção geral
Lu Lopes e Josefina Schiller

Projeto gráfico e capa
Marcelo Girard

Produção executiva
Bruna Lima

Diagramação
IMG3

Fotografia
Alice Arida (capa, imagem p. 25)
Stella Balboni (bordados)

Dados Internacionais de Catalogação na Publicação (CIP)
(Câmara Brasileira do Livro, SP, Brasil)

Schiller, Josefina
　　Rendas / Josefina Schiller. – São Paulo :
Laranja Original, 2024.

　　ISBN 978-65-86042-99-3

　　1. Poesia brasileira I. Título.

24-205904　　　　　　　　　　　　CDD-B869.1

Índices para catálogo sistemático:
1. Poesia : Literatura brasileira B869.1
Cibele Maria Dias - Bibliotecária - CRB-8/9427

Laranja Original Editora e Produtora Eireli
Rua Isabel de Castela, 126
05445-010 São Paulo SP
contato@laranjaoriginal.com.br

Fontes Bell MT St / *Papel* Pólen Bold 90 g/m² / *Impressão* Psi7/Book7 / *Tiragem* 200 exemplares / Junho 2024